MW00790122

The president that's not afraid to speak his DAMN mind regardless of how it is perceived.

Donald John Trump is the 45th president of the United States. Also known as, a businessman and television personality.

The publication and content of this book does not reflect our political views and opinions. This book is for entertainment purposes only.

Whistleblower Ukrainian Call

```
B  Q  E  W  X  T  E  S  T  I  M  O  N  Y  W  G  P  W  W  G
Q  P  V  N  D  S  T  U  K  R  A  I  N  I  A  N  R  M  H  T
M  K  W  B  T  K  H  D  V  P  X  M  E  H  E  N  E  T  I  H
T  J  G  C  U  P  J  I  E  M  G  D  J  F  O  D  S  A  S  C
S  J  G  H  R  Z  B  J  F  H  D  G  B  I  T  G  I  B  T  O
M  Q  J  I  V  C  H  R  T  T  W  D  T  N  N  K  D  M  L  M
F  L  N  N  S  X  O  L  E  X  Y  C  M  I  O  M  E  A  E  P
I  P  H  A  T  C  O  N  O  A  U  S  S  E  Y  U  N  O  B  L
T  Q  O  F  T  F  S  C  F  R  K  A  C  R  N  D  T  I  L  A
S  P  U  F  T  A  T  B  T  E  R  D  I  H  P  T  S  F  O  I
A  B  S  N  K  K  M  S  C  H  R  U  O  W  I  O  A  O  W  N
S  R  E  E  K  E  B  A  P  C  Q  E  D  W  L  F  Y  L  E  T
C  M  J  N  A  O  H  A  O  N  I  P  N  E  N  A  F  M  R  N
A  O  N  U  O  Z  R  E  I  D  Y  S  P  C  E  F  G  J  S  T
M  O  U  N  T  A  V  Z  C  M  U  P  M  M  E  G  Y  L  Q  U
E  E  G  H  P  O  F  J  U  I  M  P  E  A  C  H  M  E  N  T
I  N  V  E  S  T  I  G  A  T  I  O  N  X  B  I  D  E  N  S
Z  A  C  P  K  J  N  I  M  O  G  G  G  O  O  D  H  O  A  X
U  S  S  W  Q  I  T  R  A  N  S  C  R  I  P  T  X  O  U  F
C  O  L  L  U  S  I  O  N  D  E  L  U  S  I  O  N  D  Y  U
```

Fake	Whistleblowers	Complaint	Transcript	Investigation
Good Hoax	Ukrainian	China	Bidens	President
House	Impeachment	Inquiry	Its A Scam	Conference
Shifty Schiff	Pelosi	Mental	Collusion Delusion	No Obstruction
Breakdown	Testimony	Paraphrasing		

The Ukraine Controversy:
- Whistleblower complaint filed on August 12, 2019.
- Allegations made that Trump had a call in July 2019 asking Ukrainian President Volodymyr Zelensky
  to investigate 2020 presidential candidate Joe Biden son Hunter Biden.

PRINCE OF WHALES

```
P  I  F  U  N  N  Y  M  E  M  E  E  V  L  Z  E  H  N  F  X
T  G  D  H  N  Y  N  Z  O  D  T  K  R  K  R  L  K  X  I  O
E  F  P  T  G  K  X  W  A  A  E  A  B  O  I  W  P  H  S  K
E  B  G  Z  W  W  Q  A  P  A  H  T  O  J  R  L  Z  S  C  M
W  B  X  H  S  B  B  W  Q  G  A  S  L  T  V  P  H  U  A  X
T  M  J  P  R  M  R  G  U  F  F  I  O  K  I  C  Y  V  Z  N
S  M  V  F  Y  P  A  Z  J  G  B  M  T  N  J  S  B  E  M  A
I  V  A  N  C  O  U  V  E  R  A  P  P  H  G  U  B  C  W  M
H  J  Y  W  G  U  P  T  G  T  R  M  D  F  K  Y  R  X  S  P
D  X  G  Z  G  F  K  R  C  Q  H  U  Z  P  G  T  R  Z  E  S
E  Y  F  H  Z  P  D  E  A  O  E  R  S  C  S  O  Y  Y  L  S
T  D  E  B  M  T  L  N  V  E  E  T  C  B  R  G  B  P  A  O
E  G  X  O  T  N  D  D  P  U  B  R  M  R  O  Q  G  E  H  C
L  W  C  P  L  H  C  I  W  L  N  U  E  Z  F  N  Q  B  W  I
E  G  C  Q  S  Z  L  N  V  W  R  D  M  R  Z  M  U  O  F  A
D  O  K  Q  P  N  C  G  V  H  E  H  N  I  F  L  M  P  O  L
H  E  I  R  T  O  T  H  E  T  H  R  O  N  E  R  F  R  E  M
Z  D  Z  G  G  C  T  M  C  F  H  S  D  K  S  O  X  I  C  E
L  G  M  V  O  J  J  E  H  V  D  L  Y  R  D  Q  F  N  N  D
C  J  I  W  G  O  R  U  N  G  L  K  L  D  T  I  U  C  I  I
D  N  O  E  I  R  P  T  B  A  T  S  N  G  L  U  B  E  R  A
N  W  B  P  O  J  J  C  M  S  T  O  Z  X  V  F  A  C  P  H
O  U  O  C  Q  B  Q  M  W  H  A  X  F  G  O  K  G  H  A  F
B  O  P  Y  T  G  N  I  R  A  L  G  I  S  T  J  F  A  I  M
O  R  S  Z  D  V  H  S  V  K  P  Q  W  C  U  U  X  R  H  V
D  A  V  E  M  P  W  Z  F  W  M  X  L  S  B  T  X  L  S  B
U  W  H  A  L  E  W  A  T  C  H  I  N  G  N  T  V  E  K  A
R  F  I  S  L  A  N  D  E  R  S  F  E  D  Y  N  M  S  S  P
S  E  L  A  W  F  O  E  C  N  I  R  P  Q  D  H  U  K  F  K
C  O  F  R  V  A  A  X  Y  D  S  K  S  T  G  I  H  Q  Z  T
```

SOCIAL MEDIA

TRUMP MISTAKE

GLARING TYPO

PRINCE OF WHALES

DELETED HIS TWEET

CORRECTED ERROR

PRINCE OF WALES

HEIR TO THE THRONE

TRENDING

WHALE WATCHING

FUNNY MEME

VANCOUVER

ISLANDERS

PRINCE CHARLES

Prince of Whales

On June 13, 2019 president Trump tweeted he had met the "Prince of Whales" instead of the Prince of Wales. Trump soon after deleted this tweet and corrected his error.

TRUMPISMS NICKNAMES

```
G  G  W  A  C  K  Y  G  L  E  N  N  B  E  C  K  E  A  A  C
C  C  R  A  Z  Y  D  E  N  N  I  S  T  Y  N  C  B  U  R  M
L  D  O  P  E  Y  S  U  G  A  R  L  T  O  N  Y  C  Q  G  D
O  L  O  W  I  Q  M  A  X  I  N  E  M  I  G  Y  A  O  K  W
W  O  S  T  I  M  A  P  P  L  E  E  R  E  C  K  W  S  G  J
L  Z  Q  R  Y  P  B  O  Z  L  L  P  H  J  I  A  N  H  O  F
I  R  F  L  O  T  S  R  M  R  Y  T  K  M  F  W  C  G  O  S
F  V  F  N  C  O  S  R  U  E  E  E  K  M  A  A  R  O  F  L
E  U  A  B  N  P  Z  O  P  P  N  C  D  Y  K  S  A  O  Y  E
C  R  E  J  V  O  S  O  P  N  O  A  E  Y  E  H  Z  F  E  A
H  U  P  U  R  B  D  U  A  R  S  V  I  W  T  E  Y  B  L  Z
R  L  H  U  G  P  Y  A  S  E  R  H  Z  E  D  J  A  I  Y
I  P  E  F  F  N  L  S  A  T  Q  N  P  B  A  U  I  L  Z  A
S  N  F  A  A  L  A  L  S  J  X  C  L  V  R  P  M  L  A  D
T  L  M  B  E  B  A  Y  I  S  J  J  O  T  S  B  A  P  B  A
O  Z  U  K  M  M  P  I  F  X  M  M  V  Q  C  E  C  E  E  M
P  C  R  U  I  P  A  L  F  I  A  X  I  K  H  T  O  N  T  D
H  M  D  N  O  L  F  V  M  I  B  X  W  H  U  T  S  N  H  Z
E  L  A  L  A  B  Q  M  J  I  X  S  Y  G  C  E  T  D  F  M
R  A  S  T  H  E  S  Q  U  A  D  G  V  M  K  E  A  V  P  S
```

SLEAZY ADAM	SOUR LEMON	DOPEY SUGAR	LOW IQ MAXINE	ANIMAL ASSAD
CUBAN PUPPET	DOPEY PRINCE	CRAZY JIM ACOSTA	THE SQUAD	MR KELLYANNE
TIM APPLE	GOOFBALL PENN	WASHED UP BETTE	LOWLIFE CHRISTOPHER	CRAZY DENNIS
SLOPPY STEVE	WACKY GLENN BECK	DUMB AS A ROCK MIKA	FAKE TEARS CHUCK	GOOFY ELIZABETH

THE TRUMP TRACKER

○ MONDAY

POLICAL SHIT

○ TUESDAY

○ WEDNESDAY

NEW TRUMPISMS

○ THURSDAY

○ FRIDAY

○ SATURDAY / SUNDAY

TRUMPISMS NICKNAMES

```
L  L  I  T  T  L  E  B  L  O  O  M  B  E  R  G
V  S  A  L  F  R  A  N  K  E  N  S  T  E  I  N
X  S  L  E  E  P  Y  C  R  E  E  P  Y  J  O  E
Z  U  L  Y  I  N  H  I  L  L  A  R  Y  N  A  P
B  Q  L  I  T  T  L  E  M  A  R  C  O  V  D  C
U  X  W  A  C  K  Y  O  M  A  R  O  S  A  E  H
S  K  I  N  G  E  L  I  J  A  H  D  U  Y  R  E
H  S  L  I  M  E  B  A  L  L  C  O  M  E  Y  A
O  Q  N  E  R  V  O  U  S  N  A  N  C  Y  F  T
R  S  N  E  A  K  Y  D  I  A  N  N  E  W  A  I
I  E  E  V  A  N  M  C  M  U  F  F  I  N  T  N
G  Z  A  J  E  F  F  F  L  A  K  E  Y  U  J  O
I  Y  D  T  H  O  A  M  N  W  Y  V  T  B  E  B
N  U  L  O  W  E  N  E  R  G  Y  J  E  B  R  A
A  O  T  P  U  P  P  E  T  J  O  N  E  S  R  M
L  L  A  M  B  T  H  E  S  H  A  M  W  W  Y  A
```

SLEEPYCREEPY JOE   LITTLE BLOOMBERG   BUSH ORIGINAL   LOW ENERGY JEB   LYIN HILLARY

SLIMEBALL COMEY   KING ELIJAH   JEFF FLAKEY   SNEAKY DIANNE   AL FRANKENSTEIN

PUPPET JONES   LAMB THE SHAM   WACKY OMAROSA   EVAN MCMUFFIN   FAT JERRY

CHEATIN OBAMA   NERVOUS NANCY   LITTLE MARCO

THE TRUMP TRACKER

○ MONDAY

○ TUESDAY

○ WEDNESDAY

○ THURSDAY

○ FRIDAY

○ SATURDAY / SUNDAY

POLITICAL SHIT

NEW TRUMPISMS

MORE TRUMPISMS

```
R P M X D Z C R A D I C A L L E F T T U
O O Z D U M B A N D B A C K W A R D F N
P L M N L A M E S T R E A M M E D I A A
P I U U Z C I D A C A R O I H Q N I M T
O T G K S Q L E A S T R A C I S T ' P T
S I G M K L D O E L D K V N B Y Z M M R
I C O S V D I L Q E H E H M R I Z I Q A
T A L X K U X M T G H G H Q A Z O N N C
I L B O B G I Q S A O L S Y G E L T Q T
O L I H C O D E X L O V B V G B A E Z I
N Y Z A J L H G I I U W T Z A I P L N V
P C A D M N R I B Z M O B G D G G L C E
A O R Z Y O N Y T E X U T O O L L I S W
R R R D W R R N O D Q Z C G C O E G E O
T R E D D T V O L F C Q B J I S X E X M
Y E B U G Y L T N W N O B T O E Q N I A
P C K L I B E R A L F A K E S R E T S N
F T U H Z D C E A S E T O E X I S T T B
S O R R Y L O S E R S H A T E R S Z K Y
C O R R U P T N Y T I M E S S H A W F F
```

POLITICALLY CORRECT	MORON	DUMB AND BACKWARD	UNATTRACTIVE WOMAN	MUSLIMS
SORRY LOSERS HATERS	BIG LOSER	I'M INTELLIGENT	BRAGGADOCIOS	RADICAL LEFT
OPPOSITION PARTY	LIBERAL FAKE	LAMESTREAM MEDIA	CORRUPT NY TIMES	LEAST RACIST
SEXIST	BIZARRE	CEASE TO EXIST	LEGALIZED	

THE TRUMP TRACKER

○ MONDAY

POLICITAL SHIT

_____

_____

_____

○ TUESDAY

_____

_____

_____

_____

○ WEDNESDAY

NEW TRUMPISMS

_____

_____

○ THURSDAY

_____

_____

_____

_____

○ FRIDAY

_____

_____

_____

○ SATURDAY / SUNDAY

_____

_____

_____

TRUMP TALK

```
H  D  O  M  E  S  T  I  C  P  O  L  I  C  Y  O  W  E  A  T
T  V  V  W  C  J  C  G  W  D  C  H  A  S  O  L  X  F  B  R
Z  H  W  W  O  N  W  I  E  P  Y  M  A  N  X  W  U  L  A  A
S  Y  X  W  V  W  N  Z  R  K  I  E  E  S  K  T  K  S  P  D
G  H  C  B  T  O  I  J  D  D  S  N  W  Q  X  L  O  M  Q  I
N  F  M  A  K  L  R  H  A  R  A  P  L  U  O  N  O  N  M  T
R  Z  D  S  A  X  Z  K  E  M  R  E  F  U  G  E  E  S  A  I
I  Z  H  G  W  M  T  V  U  C  M  T  G  D  F  W  K  G  R  O
C  H  E  G  B  J  O  H  B  C  D  D  D  G  P  V  S  L  K  N
H  L  T  H  R  O  U  G  H  T  H  E  C  R  A  C  K  S  M  A
P  T  Y  L  H  P  X  V  Q  Y  A  A  B  W  D  M  L  Z  Y  L
E  W  J  W  W  Q  K  M  B  M  E  X  I  C  O  P  A  Y  W  I
O  O  G  O  U  V  H  P  W  H  E  N  L  Q  Z  S  V  C  O  S
P  K  V  Q  B  O  R  D  E  R  C  O  N  T  R  O  L  S  R  T
L  H  M  E  N  T  A  L  L  Y  I  L  L  M  V  O  C  Z  D  R
E  S  X  P  Q  R  X  M  A  J  O  R  F  R  E  E  Z  E  S  I
Z  Y  N  O  M  O  Y  B  H  G  H  B  C  Q  L  X  H  X  A  S
R  R  Y  Y  A  A  J  C  Z  T  P  R  O  Q  Q  E  B  M  R  I
R  Q  D  W  V  E  T  T  E  D  P  R  O  P  E  R  L  Y  P  S
U  G  P  N  H  F  Q  D  G  U  N  C  O  N  T  R  O  L  J  N
```

DOMESTIC POLICY	HUMANE	LEGALIZED	REFUGEES	ISIS
BORDER CONTROL	MEXICO PAY	MARK MY WORDS	VETTED PROPERLY	OVERSEAS
TRADITIONALIST	MAJOR FREEZE	GUN CONTROL	MENTALLY ILL	THROUGH THE CRACKS
RICH PEOPLE				

THE TRUMP TRACKER

○ MONDAY

○ TUESDAY

○ WEDNESDAY

○ THURSDAY

○ FRIDAY

○ SATURDAY / SUNDAY

POLITICAL SHIT

NEW TRUMPISMS

Never Trumper Word Scramble

Army Officer	Diplomat	The Club for Growth	Concealing	Committee	Allegations
Witnesses	Trump Movement	State Department	Nonpartisan	Shrewdly	Line Of Defense
Opposition	Foreign Policy	Unity Ticket	Apolitical	Conservatives	Transcripts
Testimony	President Orders	Never Trumper	GOP Caucuses	Ambassador	Unfounded
Impeachment	Intelligence				

1. NERVE RMERPUT   N _ _ _ _ _ _ _ _ p _ r

2. PATEENMCHMI   _ _ p _ _ _ h _ _ n _

3. WNSSSTIEE   _ i t _ _ _ _ _ _

4. CRRTATPNSSI   _ _ _ _ s _ _ p _ s

5. OTIETYMSN   T _ _ _ _ m _ _ _

6. STETA TTPNADREME   _ t _ _ _ _ e _ _ _ _ _ _ e _ t

7. ELIN FO FEDENES   L _ _ _ _ _ D _ _ e _ _ _

8. ANSPAIONTRN   _ _ _ _ a _ _ i _ a _

9. EEIELTNGCILN   _ _ t e _ _ i _ _ _ _ _

10. MMTTOICEE   _ o m _ _ _ _ _ _

11. DNNOFDUEU   U _ _ _ _ _ _ e _

12. ALEIGAONTSL   _ _ l _ _ _ _ _ _ n s

13. AILLTCOIPA   _ p _ l _ _ _ _ a _

14. RAMY COFEIFR   A r m _ _ _ _ _ _ _ _

15. MALTDOPI   _ i _ _ _ m _ _

16. SOAMSAABDR   _ _ _ _ s s _ _ o _

17. FRGNOEI PICYLO   _ _ _ _ i _ _ _ _ l i c _

18. DELSHYWR　　　　　　　 _ _ r _ _ d _ _

19. NDSPRTEEI EDORRS　　　 _ _ e s _ _ _ _ _ _ 　 O r _ _ _ _ _

20. URPMT EONMMEVT　　　 _ r _ m _ _ _ v _ m _ _ _

21. NIOACGLNCE　　　　　 _ _ _ c e _ l _ _ _

22. EVVSCOSTRAIEN　　　 _ _ _ s _ _ _ _ _ _ _ e s

23. YITNU KTTECI　　　　 _ _ i _ _ _ _ c _ _ t

24. TEH CULB RFO TRWOGH　 _ _ _ 　 C l _ _ 　 _ _ _ 　 _ r _ w _ _

25. PGO CUASSECU　　　　 _ _ _ 　 _ a _ c u _ _ _

26. IOOIOSTPNP　　　　　 _ _ p _ _ _ _ _ o n

Trump Word Scramble

Portmanteau   Nationalism   Vulgarity   Kleptocracy   Social Justice Warrior   Drain the swamp

Sanctuary campus   Ideology   Corrupt Government   Trumpiness   Flotus   Civic society

Covfefe   Potus   Virtue signaling   Post Truth   Editor in chief   Alt right

Masculinist   Lofty position   Snowflake   Chauvinist   Blind trust

1. TRIVUE LNGGSANII   V _ r _ u e _ _ _ _ _ _ _ _ _

2. LSAOIC CTUJEIS RWORRIA _ _ _ i _ _ _ u s t i _ _ _ a _ _ _ _ _

3. UVTYRLIGA   V _ l _ _ _ _ _ _

4. UNMISETRSP   T _ _ _ _ _ n _ s _

5. OEFNKSAWL   _ _ _ w f _ _ _ _

6. YANUCSATR MPUASC   _ _ _ _ t u _ _ y _ _ _ _ _ s

7. INHASICVUT   _ _ _ u v i _ _ _ _

8. OSTP TTRHU   _ _ s _ T _ _ _ _

9. CNUSTAIMLIS   _ _ _ _ u _ _ n _ _ t

10. OPSTU   _ _ t _ _

11. LTFUOS   _ l _ _ u _

12. APECYCOKTLR   _ _ _ _ t _ _ _ _ c y

13. PUORCRT OENERVMNGT   _ _ _ r u p _ _ _ _ _ _ _ _ e _ _

14. OTERDI NI EIFCH   _ _ i _ _ _ _ _ _ h _ e _

15. YOLTF INPIOSOT   _ _ _ _ _ _ _ s i t i _ _

16. DRANI HTE PWASM   D _ _ _ n _ _ e _ _ _ _ p

17. TRPENAUTAOM   _ o _ _ _ _ _ e _ u

18. OOEYGDIL   l _ e _ _ _ _

19. NITAONMIASL   _ _ t _ _ _ a _ _ _ m

20. VCIIC OITSCEY   _ _ _ _ _ s _ _ i _ _ _

21. DLIBN RTTUS   _ l i _ _ _ r _ _ _

22. LTA TRGHI   _ l _ _ _ _ h _

23. OFVEFCE   _ _ _ _ e _ e

THE TRUMP TRACKER

○ MONDAY

○ TUESDAY

○ WEDNESDAY

○ THURSDAY

○ FRIDAY

○ SATURDAY / SUNDAY

POLITICAL SHIT

NEW TRUMPISMS

BEST POLITICIANS NICKNAMES

Q A N I M A L A S S A D G I X
M S L E E P I N J O E L M Z D
Z B L I T T L E M A R C O P O
H O C Z L R F D K D M C D P P
F P R Z Y J H D V S Z G C V E
A H Y N U H R I P N M R S R Y
Y G I L H L L S F E T T S B P
R G N S T G I H Z A K S L Q R
W I C H W O D O E K V Q O X I
K S H A A O D N P Y E L P C N
L S U D C G L E U D R O P R C
I L C E K W E S G I Y W Y A E
T A K Y Y S C T O A F E S Z J
T M M C W N O P O N A N T Y E
L B A O I F R R R F N K E E B F
E T D M L S K E Y E E R V E F
R H A E S D E S E I N G E R F
O E L Y O T R S L K E Y T N L
C S E Z N S O L I O W J O I A
K H X C N D C E Z B S E H E K
E A Z F J Y K W A P T B H R E
T M M P X F S P B Q Q C U V Y
M A L F R A N K E N S T I E N
A A B C K G M Z T Z N D F M B
N X I G Z N M H H W M X S C D

Sloppy Steve
Lyin' Ted
Crazy Joe
Low Energy Jeb
Wild Bill
Shadey Comey
Liddle' Corker
Sleepin' Joe
Sneaky Dianne
Jeff Flakey
Al Frankenstien
Lamb the Sham
Little Marco
Crazy Bernie
Cryin' Chuck
Pocahontas
Goofy Elizabeth
Wacky Wilson
Little Rocket Man
Animal Assad
Dopey Prince
Mad Alex
Very Fake News
Dishonest Press

THE TRUMP TRACKER

○ MONDAY

○ TUESDAY

○ WEDNESDAY

○ THURSDAY

○ FRIDAY

○ SATURDAY / SUNDAY

POLITICAL SHIT

NEW TRUMPISMS

DRAIN THE SWAMP

```
X L S A N O T G N I H S A W D
K O S O J M M S W A F K Y Z W
D B B Q R P Y D Y Z L I R H Z
M B M V D Y G V C A C Y N O F
X Y O I O W A R A Y T T C F C
F I E T Q R Y M R N S S M N E
B S C E G Y E A C Z C R O U L
O T N P L Z U G U A D I G B U
I S N W P E H A A N X H L J Q
F I X P R O B L E M S T O E K
H Z D A C G O P R Z F D B E D
B C S I I A A A U Y O O A T U
L L O T R V P B B X U O L A K
E E B V S H F I T I E L I N M
K A V K E I K A T X L B S I G
C N Q N L Q L Z S A F B M M K
V U R B O D Q A Z C L N L I F
L P Q X H N N L I U I I W L P
H A E D P K X E X C H S S E O
C M I Z O T U C K T O F M T E
W E C K O F M K T T O S Y D B
X S H R L R G N I U G A L P Q
D S C T P M O S U T I W W M V
N O I T P U R R O C H X S V Q
S U P M A W S E H T N I A R D
```

MAGA
WASHINGTON
DRAIN THE SWAMP
FIX PROBLEMS
CLEAN UP A MESS
LOBBYISTS
LOOPHOLES
ELIMINATE
CAPITALIST
SOCIALISTS
PLAGUING
BLOODTHIRSTY
GLOBALISM
CORRUPTION
FASCISM
BUREAUCRACY

THE TRUMP TRACKER

○ MONDAY

POLICAL SHIT

_____

○ TUESDAY

_____

○ WEDNESDAY

NEW TRUMPISMS

_____

○ THURSDAY

_____

○ FRIDAY

_____

○ SATURDAY / SUNDAY

_____

#SPYGATE

Across: →
1. Secret investigation code name Crossfire
2. Congressional Republicans led by Rep
3. Investigating campaign's ties to __
4. A rigged
5. Criminal ____ State
6. Russian election ___

Down: ↓
1. Potentially the worst in American __
7. FBI used an ____
8. Under FBI ___
9. Bigger than ___

Word Bank:

DEEP   HISTORY   HURRICANE
INFORMANT   MEDDLING   NUNES
RUSSIA   SURVEILLANCE   SYSTEM
WATERGATE

THE TRUMP TRACKER

○ MONDAY

POLICITAL SHIT

○ TUESDAY

○ WEDNESDAY

NEW TRUMPISMS

○ THURSDAY

○ FRIDAY

○ SATURDAY / SUNDAY

Build That Damn Wall

```
F  X  W  M  R  Z  D  E  C  I  T  Z  U  R  Z
S  D  N  X  L  J  W  F  S  G  Z  E  Z  K  I
T  M  S  W  B  G  O  B  H  N  T  O  S  U  A
O  E  A  I  G  I  V  F  S  I  M  X  R  M  B
W  N  N  T  N  O  D  H  U  L  X  E  E  V  D
B  X  C  C  I  E  Y  G  K  G  U  I  I  X  U
O  M  K  T  C  P  Z  U  U  G  L  P  R  S  L
R  A  Q  R  N  Q  L  O  H  U  C  U  R  Y  E
D  N  B  A  E  S  H  T  K  M  C  F  A  R  C
E  E  G  N  F  D  R  U  G  S  U  H  B  S  O
R  P  T  S  E  X  L  Q  Q  L  I  N  L  O  N
X  E  O  P  E  S  Q  Q  L  L  O  X  B  F  S
R  U  L  O  V  Q  Y  Y  L  I  C  S  D  H  T
Z  Q  G  R  E  H  F  E  T  J  T  K  D  I  R
P  I  M  T  L  U  G  A  R  R  N  Y  J  S  U
A  R  I  E  N  A  R  L  U  D  C  S  C  P  C
L  N  O  D  L  G  Z  C  X  C  Q  A  K  A  T
H  E  V  M  I  E  T  J  S  D  O  O  M  N  I
H  E  Q  M  I  I  N  P  P  V  M  A  T  I  O
E  F  M  M  O  S  S  L  G  Q  D  R  C  C  N
Q  I  H  N  B  U  E  G  W  H  L  R  R  X  P
Y  T  I  R  U  C  E  S  N  W  J  E  G  B  I
V  S  O  T  N  Q  W  O  G  A  H  S  I  G  W
T  G  X  J  L  O  D  F  D  N  Y  T  D  N  C
U  H  Q  Z  B  B  A  T  T  L  E  S  S  K  A
```

BORDER
SECURITY
ENRIQUE PENA
ILLEGAL
IMMIGRATION
TOUGH
DRUG
SMUGGLING
TRANSPORTED
ICE
USHSC
BATTLE
CONSTRUCTION
ARRESTS
HISPANIC
LEVEE FENCING
FULLY FUND
BARRIERS
PROMISE
OBSTRUCTIONIST

THE TRUMP TRACKER

○ MONDAY

POLITICAL SHIT

_____
_____
_____
_____
_____
_____
_____

○ TUESDAY

○ WEDNESDAY

NEW TRUMPISMS

_____
_____
_____
_____
_____
_____

○ THURSDAY

_____
_____
_____
_____
_____

○ FRIDAY

_____
_____
_____
_____

○ SATURDAY / SUNDAY

_____
_____
_____
_____
_____

2016 ELECTION

```
B J G B I Z U R C D E T B C W
D P S B Y T H E P U S S Y N N
P J K P H L J Q L H P V A Y F
Y M F I C B R H E F J M J Y E
I X O B T O L L A B O E L J Z
H A M U I Y S O C W B M A M L
E N H R B X G U Y B S F G M E
T C I I A M P T U R I D J A X
O N R K F U S S J Y L G M I T
V H I S O A H R O Z I V U N V
R D D T N M U B R Y B J Y A D
A L A N O I S S E R G N O C E
L S V E S T F Z J H O P T I L
U E F M M H A A O I N B B L E
P I Z E J C M T I Y R F N B G
O R L S I I E S B V U L T U A
P A L R E S G I U N N J J P T
H M A O L A A L R F N H I E E
R I H D E K D A O H I I L R S
T R N N C N O N C O N L L D X
Q P W E T H N O R T G L S H F
G A O W O O O I A Y M A T K D
P C T F R J R T M B A R E Z E
F H M T A I S A U N T Y I S Z
N J O L L I U N T S E K N I P
```

TOWN HALL
POPULAR VOTE
TED CRUZ
MARCO RUBIO
JOHN KASICH
JEB BUSH
HILLARY
JILL STEIN
ELECTORAL
NATIONALIST
REPUBLICAN
BALLOT BOX
DELEGATES
PRIMARIES
ENDORSEMENTS
RUNNING MATE
MEGA DONORS
SON OF A BITCH
NASTY WOMAN
BY THE PUSSY
CONGRESSIONAL

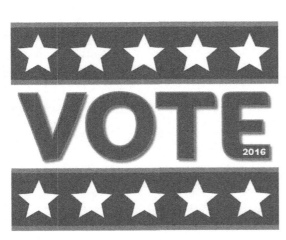

THE TRUMP TRACKER

○ MONDAY

○ TUESDAY

○ WEDNESDAY

○ THURSDAY

○ FRIDAY

○ SATURDAY / SUNDAY

POLITICAL SHIT

NEW TRUMPISMS

2016 ELECTION PART II

```
O D H I K X S P L E P K H Q Q C I T A R C O M E D
B Z N W H P Z D B E C M O N E Y P W T U P S U B T
Z V H A T K Y B T L M B G J E X X N X U Z N U T R
S C X A M W S A T N E M D N E M A Q R X E O B T I
L G P S O O N H B S C X P J I N W P P T Q I A F G
H D S B E I T F B B M A Z V G V W I R P W T A O G
Y U A G M C Z K N E O H G K V E A W E T B R K C E
Y M P O R M R P M W A M U T B G L G S W C O M R D
A R N G P A R E N T H O O D P E E J I G L B F A W
C C L A G G R S T C R N C O H C U A D X I A N I N
O A J I O P X X R A J T C S I D J X E N N A Z G V
U Q Z A U W A E V S R E F I G A K J N I T A T H H
R R I S P D D A B N T Y J E P C S O T I O U B S C
T Q E Z S R I E O D T C A U A E I T I J N I K K P
Y H G G O H R I N F O N K R W T U O A J W K L B M
T W I B P R S Y F N T C A S U G L D L N Y V N D U
T R F A F S U Y S O A B M T W K M P R D Y A N P R
P I C S I A V E N A M L I B V Y L E P Y C E A P T
T E L M U S R I C C B T P C G E H P W I U T C L J
G U M Z T V N Y W J S D S H Y T U X L X T A K F D
F O T P A C E X X N G C N D U Y J B E K J B Q W L
C Z G T O T O O O B A F P O I Y U B F V M E O Q A
Y L I Q E P N C T L N T S A C P J Y B Y A D Z W N
P V A F O T D S I L N Y A K E E C F O B R B D Q O
E M B C I J Q A B D E B O R N S S K S Q K G R X D
```

RIGGED
PRESIDENTIAL
DEBATE
SECRETARY
CLINTON
DONALD J TRUMP
COMMISSION
REPUBLICAN
DEMOCRATIC
CONSTITUTION
LGBT
NOMINATE
SECOND
AMENDMENT
CONSERVATIVE
THE SUPREME
COURT
JUDGE ANTONIN
SCALIA
PLANNED
PARENTHOOD
ABORTIONS
SOUTHERN
BORDER
BARACK
OBAMA

THE TRUMP TRACKER

○ MONDAY

POLICITAL SHIT

○ TUESDAY

○ WEDNESDAY

NEW TRUMPISMS

○ THURSDAY

○ FRIDAY

○ SATURDAY / SUNDAY

Trending Words Crossword

Across: →
1. interfering with the process of justice
2. pretentious inflated speech or writing
3. an unfair system
4. a violation of allegiance
5. expression of approval, praise, or assent
6. contradicts what one claims to believe
7. deliberate harassment

Down: ↓
8. a member of the People's party
9. narrow-mindedness, bias, discrimination
10. speech designed to obscure, mislead,
11. a disturbance or fuss
12. take - use ideas from another's work
13. biochemistry, pharmacology

Word Bank:

ACCLAMATION
GLASS CEILING
MALARKEY
PLAGIARIZE
WITCH HUNT

BIGOTRY
HYPOCRISY
OBSTRUCTION
POPULIST

BOMBAST
KERFUFFLE
OPIOID
TREASON

THE TRUMP TRACKER

○ MONDAY

POLICAL SHIT

○ TUESDAY

○ WEDNESDAY

NEW TRUMPISMS

○ THURSDAY

○ FRIDAY

○ SATURDAY / SUNDAY

NORTH KOREA

```
P G Y Y P A R D R A T O D Q Z K M N X H C R X M Q
J M A J M M J A S L Q Y S X C M I R V T A Z S M U G
Y Y M Q D T A P M R H R I X S X Z J M M J N F S R U E
Y U X M Q S D H L E Y A Z C I Q M Z J N D Z X S U P
F A L L I E S M F K R K M P Y A U J J O Q G J P H
Z C H K M N Y Y A I R F I Q D Z E D V Q N K C I H
L F Y I B V S V A N X P L Q X U K I J O M G H P N G
H B G O S H O V V L V O I L P J H H E M X S U N D
W E T D T K I Y M X A T T Y S N O I T C N A S N D Q
R M B Q A Y X E E I Q P A N S S P C L O H A M O Q X
R O C K E T M A N Q S Z R F U W X A I Y O C J D X H
J U I G R N T Z I O U S Y C D V T T L E A D E R H
P G G Y H M E E U Z W F I J I N A A N N V L R H N Y
L A X J T V K Z A O B S M L R L A S V C Y L A C Y
P N J H E I K N T G C I L N E D V T J Z J Y E Z Z
F G J Q R D E N U C L E A R I Z E R R B S H L N Z
T S Z T J L P G X Z J T N U E W O O O K V C I X
Z T S C R L Q F F I S V T G V M I P H G H G U J E
C E Y K O L C H H R B O X W K X U H C F U S N N G
P R X K U T H L C D C F A I V A N I M I N E D R C
S W R Y T W W L G R Q K B K P A I C N B S F G H I Z
V W L A Y L E M P Z V H B G B Q Y V A M I Z D Z Z
D S Z E Q J S E D E Z I C I T I R C D C A X M D Z
D S O N H L G J R V N H H E T Z Y S F Y G Q V X F
H P B B B K Z H F H K O O T K I V Q I O Q I J P H
```

KIM JONG UN
LEADER
NUCLEAR
MISSILE
THREATS
CRITICIZED
CATASTROPHIC
ROCKET MAN
ALLIES
REGIME
DOTARD
ROGUE
GANGSTER
MADMAN
SHORT AND FAT
STRIKE
RELATIONSHIP
MILITARY
SANCTIONS
DENUCLEARIZE

THE TRUMP TRACKER

○ MONDAY

POLICITAL SHIT

_____
_____
_____
_____
_____
_____
_____

○ TUESDAY

○ WEDNESDAY

NEW TRUMPISMS

_____
_____
_____
_____
_____
_____
_____

○ THURSDAY

_____
_____
_____

○ FRIDAY

_____
_____
_____
_____

○ SATURDAY / SUNDAY

_____
_____
_____
_____

Trending Words Crossword

Across: →
1. gains popularity by arousing emotions
2. person who tries to influence legislation
3. principles of conservatism
4. without previous instance

Down: ↓
5. not to be appeased
6. assumption of something as true
7. elect convention delegates
8. It's gonna be huge
9. something without use or value; rubbish,

Word Bank:

CAUCUSES CONSERVATIVE DEMAGOGUE
IMPLACABLE LOBBYISTS PRESUMPTIVE
TRUMPERY UNPRECEDENTED YUGE

THE TRUMP TRACKER

○ MONDAY

POLITICAL SHIT

_____
_____
_____
_____
_____
_____
_____

○ TUESDAY

○ WEDNESDAY

NEW TRUMPISMS

_____
_____
_____
_____
_____
_____
_____
_____
_____
_____
_____

○ THURSDAY

○ FRIDAY

○ SATURDAY / SUNDAY

THE ECONOMY

```
L L V L T A X C U T S J T M D
D X D X O W A N M R M S J N Y
X I O T V U A K R Z X N X T G
N A B R I N G J O B S B A C K
U K P L M F X A V K Q W U L R
N S Y R J A E H H I C E H G A
Q R H E A I U U E M A N R E I
I L G B R R Y W M M P I J E S
O I O U E T C U K H P T I N E
N Y L I F R N J M X R R M A W
C J S L O A M H R H E A P S A
Z X J D R D F X S R N D O E G
P I B E M E M Y U K T E R C E
O R T A Z S H T O Y I D T U S
F R O V M N U R E W C E S R T
V K N G B F T R W J E F T E M
R E C O R D H I G H S I A L V
C H B X F A Q P Z H H C R Y W
R V U Y I K M K Y J I I I J S
X Y I N O F W S B C P T F K N
Q G L R M A R K E T S S F J R
W G D A T I X W V J X K S C Z
S G W S T O C K M A R K E T T
K K E C E X P A N D I N G V X
I M A N U F A C T U R I N G K
H M L D B X B B B L B P W U P
E N T T H R F A R M E R S Y N
Z K H S I L K L O X H Y K T K
```

STOCK MARKET
RECORD HIGH
BUILD WEALTH
SECURE
FUTURE
TAX CUTS
REFORM
BRING JOBS BACK
EXPANDING
APPRENTICESHIP
PROGRAMS
TRADE DEFICITS
MANUFACTURING
UNFAIR TRADE
IMPORTS TARIFFS
FARMERS
MARKETS
REBUILD
RAISE WAGES
ENERGY

THE TRUMP TRACKER

○ MONDAY

POLITICAL SHIT

_____
_____
_____
_____
_____
_____
_____

○ TUESDAY

○ WEDNESDAY

NEW TRUMPISMS

_____
_____
_____
_____
_____
_____
_____

○ THURSDAY

○ FRIDAY

_____
_____
_____
_____
_____

○ SATURDAY / SUNDAY

_____
_____
_____
_____

President Trump's Achievements

Across: →

1. Withdrew from the Paris Climate ____
2. Ended Obama's deal with ____
3. Boosted the arrests of ____
4. Bring ____ back to the U.S
5. Promote the sale and use of U.S. ____

Down: ↓

6. Signed congressional ____ cuts
7. A rebound in _____ confidence
8. Withdraw from the Trans-____ Partnership
9. ____ order to boost apprenticeships

Word Bank:

AGREEMENT	COMPANIES	CUBA
ECONOMIC	ENERGY	EXECUTIVE
ILLEGALS	PACIFIC	REGULATORY

THE TRUMP TRACKER

○ MONDAY

○ TUESDAY

○ WEDNESDAY

○ THURSDAY

○ FRIDAY

○ SATURDAY / SUNDAY

POLITICAL SHIT

_____
_____
_____
_____
_____
_____
_____

NEW TRUMPISMS

_____
_____
_____
_____
_____
_____
_____
_____
_____
_____
_____
_____
_____
_____

HEALTHCARE

```
T I N S U R A N C E W Q S R H
E N O U H Y L S A C A P L N S
I O M X O T A U K J R Q U B N
P K Y C S R S B N D N Y I L E
Q O H N P E C S J E I K V U N
M J E L I A B T S D N Q U A B
F O A P T T R A P U G J S G I
H Y L P A A L N E C N I T P N
O Q T E L B M C N T E O A R S
Z Y H N S L E E D I T A K E U
O D E A Q E N A I B W W E M R
W U D L K V T B N L O A H I E
R H A T X Y A U G E R R O U D
H D T I S N L S R S K E L M R
G A A E G V H E E L O N D S I
O W G S L T E N P B F E E Q S
V N P S A O A E E L S S R A I
E D A E F B L T A W W S S E N
R R T M F A T T L P J O T E G
N U I P O M H F R R T D X X P
M G E L R A U I E O R I B P R
E A N O D C V N P P E W G A I
N B T Y A A U B L O A G F N C
T U S E B R T O A S T T Z D E
R S D R L E P H C A M N N I S
L E T S E O U S E L E U J N A
X Z T W M Z D S I R N N D G P
R D I A G N O S I S T W H G X
```

OBAMACARE
AFFORDABLE
PATIENTS
INSURED
EMPLOYERS
PREMIUMS
DEDUCTIBLES
INSURANCE
SPENDING
RISING PRICES
GOVERNMENT
EXPANDING
MYHEALTHEDATA
PENALTIES
HOSPITALS
PROPOSAL
STAKEHOLDERS
MENTAL HEALTH
SUBSTANCE
ABUSE
TREATMENT
AWARENESS
TREATABLE
DIAGNOSIS
DAWN DRUG
ABUSE
WARNING
NETWORK
REPEAL REPLACE

WHERE'S MY HEALTH INSURANCE?!

THE TRUMP TRACKER

○ MONDAY

POLITICAL SHIT

_____
_____
_____
_____
_____
_____
_____

○ TUESDAY

○ WEDNESDAY

NEW TRUMPISMS

_____
_____
_____
_____

○ THURSDAY

_____
_____
_____
_____
_____

○ FRIDAY

_____
_____
_____
_____

○ SATURDAY / SUNDAY

_____
_____
_____
_____

President Trump's Achievements II

Across: →

1. Release of American __ from North Korea
2. Recognize _____ as the capital of Israel
3. Sanctions on the dictatorship in ___
4. Blocked states from defunding __ providers
5. Audit of the Pentagon and its _____

Down: ↓

6. Repeal Obama's net _____ rules
7. Missile strikes against a ____airbase
8. Imposed a ____ ban
9. Created a VA ___
10. Declared a Nationwide Health Emergency on
11. Build new relationships with ____

Word Bank:

ABORTION
LEADERS
PRISONERS
TRAVEL

HOTLINE
NEUTRALITY
SPENDING
VENEZUELA

JERUSALEM
OPIOIDS
SYRIAN

THE TRUMP TRACKER

○ MONDAY

○ TUESDAY

○ WEDNESDAY

○ THURSDAY

○ FRIDAY

○ SATURDAY / SUNDAY

POLITICAL SHIT

NEW TRUMPISMS

Some International President Trips

```
F  B  J  R  N  V  Y  L  A  T  I  Q  P  F  X
J  E  Y  T  I  C  N  A  C  I  T  A  V  P  H
J  L  D  K  S  E  N  I  P  P  I  L  I  H  P
H  G  N  A  I  N  I  T  S  E  L  A  P  E  O
M  I  M  Z  R  N  X  W  D  J  E  G  G  C  D
J  U  N  H  X  W  D  J  D  R  P  I  G  S  A
J  M  G  T  D  N  A  L  O  P  J  M  E  A  U
S  Z  T  P  P  P  N  K  E  Q  Q  I  R  H  D
F  K  D  U  A  M  H  C  H  I  N  A  M  S  M
O  J  G  N  K  T  A  M  U  I  S  R  A  E  L
G  T  H  N  U  W  F  Y  V  I  E  T  N  A  M
N  V  E  O  X  T  K  T  Y  P  N  H  Y  P  A
P  V  S  E  Z  U  U  F  R  A  N  C  E  V  E
K  T  B  A  I  B  A  R  A  I  D  U  A  S  G
I  U  S  O  D  F  D  H  O  O  T  V  T  E  U
```

SAUDI ARABIA
ISRAEL
PALESTINIAN
ITALY
VATICAN CITY
BELGIUM
POLAND
GERMANY
FRANCE
JAPAN
SOUTH KOREA
CHINA
VIETNAM
PHILIPPINES

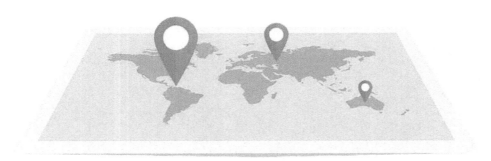

THE TRUMP TRACKER

○ MONDAY

○ TUESDAY

○ WEDNESDAY

○ THURSDAY

○ FRIDAY

○ SATURDAY / SUNDAY

POLITICAL SHIT

NEW TRUMPISMS

NATIONAL SECURITY

```
R F F T L W V L A C I M E H C M I B I P R V Q Y U V F D S J
P Y Q K N T A I I Y J W A A N Y Q D P U R T N N Y X N J W J
B X Z W J F L V S K V H W Y K K I G A L V D J T Z N S K J S
A N U M X D I Z Y G T S S U M X H V V Y R L I D C E O R F E
S U L Y S L O U R J Z T D N X N Z U Y B B R G P W R F W M W
A A T Y I V Z K I Z W N K D Z M B J U T U Q Z Z J F Z S X P
Q F X A Y K S L A N E H U T Y O M E Q C H G F I X J H M X O
K C N U U T S I R O R R E T L V B A E S A R V H L B M K A O
J S P A F U Y W O R L D W A R I I S R K T G E K A S R N G U
B C Q I U E C A E P J T M W N W H S B S C G W A E Q E R K P
M A G U R N V L W Z W P V M M I A N Y W H Z X F T O G A P C
U C R S U O R E G N A D S U F U H O C I T A M O L P I D N K
F M P B X C A A S K B U A C K R Y P Z N T R L Y E G M I L H
D U V B A Y X V Q C N M I S L M E A Q G C T Y E N P E C O Z
H Z L J Q R Y P A T A E W X A P Z E Z G S F C I D D W U T E
Z O O M I I I D T B J A T Q J F O W W J J I T S D S Y U C I
P H N Y Z Y C S T J R B W S L O E P Y O M A M I A V F C G P
P N C W W T Q R M E Z R W V O K D S Y V R R T V G Q D R X J
U H O M S R K U J F E E K T L G Z Y T E I L A X F K U Y X A
N W T M O R H Y O T G L J C N X K R F Q C G D U R A O K K D
K Z J S H I R D Y A W L T Q A Z I I Q M E T L I U U B N A Z
D R I K E A L K J U K L B W N G L E C R C Y S F G E N M W M
R J J S T G Y A B W U L W A G O A E Y T M H L B X S Q X G R
X E S I D V N P N Z I H O E R F J H O X Z T D G M N A E W I
U O L X X V J O I O Y U R P F A O J E X F T C W V E T D F T
H I M M H D W L R O I J U Z K C Q Q S B S T E Y B F K P B Y
M W T M V E R X H T M T I C G M F H R K S U H W R E T D K Y
P N H I U N B H K F S D A D U G G Q U D A R H I V D B B R Q
C B L E U L D Z L B S J D N T C K B H P G P N D B V X Y U V
T T T V K Y A C N O Y J E L O F Q B R U T A L I T Y F L M Z
```

DEFENSE
SAFEST
DIPLOMATIC
MARSHALED
BARBARISM
BRUTALITY
SAVAGERY
REGIME
STRONGEST
WORLD WAR II
MILITARY
THREAT
PEACE
FREE WORLD
CHEMICAL
WEAPONS
CIVILIANS
SYRIA
TRIGGER
DANGEROUS
TERRORIST
PROLIFERATING
NATIONAL
SECURITY

THE TRUMP TRACKER

○ MONDAY

POLICAL SHIT

_____

_____

_____

_____

_____

_____

_____

○ TUESDAY

○ WEDNESDAY

NEW TRUMPISMS

_____

_____

_____

_____

_____

_____

_____

○ THURSDAY

_____

_____

_____

_____

○ FRIDAY

_____

_____

_____

_____

_____

_____

○ SATURDAY / SUNDAY

_____

_____

_____

_____

NATIONAL SECURITY II

```
X L B W L D X X S Q K K C N C I D C Z Y O S Q E E
M D H A C K G X E G Z N Q S F F L I N Z J Z F N P
J K S W Q O Z I R M U N F E T T E R E D X H K O D
A T B N Y E M Z I V M N J C Q R N O G Y G L V I E
C R O Z N J Y P F W B J A U U C B E N O B I Y T N
N W N G N G T T E G C L G R B U U G N E B N L A J
R Q G Y L L Z T S V S M L E O O N R Y B F A O U D
W J S R K M L R A H Y R B U C N W Q M Y S I B C B
R K Q J V D N J E U U B V G U K T A B O O R L A Z
D K I B R U K Q C N J K O V X M K N H A T A B V Z
O V G L J Y B E Z E V E N L U W A C R Z P T U E N
H I J X J M G V K Z C T Q G I G X I Y N H I W D K
I G D M S S T R Q N K Y O W R G P D M F R N X F O
D K I A F U B U E T W X I U G D A D V G V A F G U
X M P K M F G G V R H O U H G O R R Q Y O M G O A
Y Y L X X P I H R J H C U I V H X G C X C U R Z D
T E O A X L M I N J K E R Y H E S U P H T H B Q A
Q O M H L C B M S O O C A D R T A M N S B E V X
K C A E M C W V P S S K A I X S H M N O M D H K R
S R T I N Q A F T E J A S T T B K D B C O H A V F
O N S N O L R B C I X F M E T R M L S C T A V N F
I H I G I F J W N L V K R H U A Z B T T S I I X H
H Y W U M P I R B L L L M R Y F N J B R F U O O Z
X U X C Q O Z K I A P R G Q N H J I F Q E F R N R
M A D T P R C Z X X F P Q Q X B A D R T O B B M S
S R M A Y I D B B Q Z D U F X U U E O A B O A J G
O P L G H Q Q T I W J S W G F D K P A K S L U P E
L Z N G N D U E H P O R T S A T A C A Z I G L C U
D S H U W I R E I Y Q U Z Z B J H S S C R H S N Z
I R K Q Q B Z B B M D H C A A A P W I B Y O T K W
E E C H S J S I T T B P S P V H R O H W E U L C T
R D C O K A W R L L W W X N Y Q U R D T W W A W E
S N R Y Q I U M J I W H D X Y S L J E M A I D B H
B E B J Q J S K J N B K I U O U Q Y L R V K H U A
O R N T J D O V N O G A D V P V M F G F B T Y X A
L R I I W K N H A R T R T B S I J A I V Z O P Q A
S U U F T T Z X M I O P E S X H P E F V C X M F C
Y S I H I B U U O I S M M K E O L U G W Q R P B Q
Z K H S W W L N A Q N Y D Y Q D H W F Z A J B M S
D G W F H G L M L M Z U P D A M P D Y W W U Z Z F
```

HUMANITARIAN
TOUGH SANCTIONS
OLIGARCHS
MALICIOUS
BEHAVIOR
DESTABILIZING
SOLDIERS
DIPLOMATS
ALLIES
UNFETTERED
SECURE
CEASEFIRES
ASPHYXIATION
INTELLIGENCE
AIRFIELD
SARIN ATTACK
SURRENDER
EVACUATION
CATASTROPHE
BARREL BOMB
TABOO

THE TRUMP TRACKER

○ MONDAY

○ TUESDAY

○ WEDNESDAY

○ THURSDAY

○ FRIDAY

○ SATURDAY / SUNDAY

POLITICAL SHIT

NEW TRUMPISMS

NATIONAL SECURITY III

```
S O V O V G L C O T P K G J G H M P R U K X X C E
B G X A P N C Q K I E L X D V A N H J R Z M I J S
R E K G T M M M I E K X V Z P S L B P T K R P J
T O I T G O X O U E S G Z L X U Y G R R G F S U I
K U L I A P S O O R V S M R E P N O I L L E B E R
H V T I V C U K Q H Z R P R J E K Y I S Z Y G K U
B B N I O W H I U Q U W E F X F J U J S V O I J A
B Z B B Y E U U H C V C M N P W A M C S M S E E V
C P Y F L K N V W L N X W A I I V K B L C U O Y J
P C O U A S D M B O E J J I N V M H V T K F P X N
R K S X C Y E U U W S M U K O P N K W V L N O G N
G Y Q R N C R C L N H Z H H G Z O C I T M D M N D
U J C O I V G N K M J O S S F T V W C O U V W T L
A G E I F Y R R U Z E C I D M N S H E L T E R S E
R D R W U U O T X D Z S K J A C Q W L R B S W E I
F D F S N I U S C N N B I D R Z V W Z H G X Y W F
U N V N M U N I T I O N S H G B I U E C S M N F E
P H Y J K G D P F L I M B C I G T B B N L G T B L
E W X V S X W H O Z S C A Y D H W N B Q L C O C T
B L Y S M N C P C N O J T P A J P S M Q C W N R T
D B N Z N S B K J U L O S E I R I P Q W D U W C A
N V M I J P C J F P P X D G O K V E S C T U L W B
A J L K E X G Z C V X V H D K U W I N L G P P S T
I I O H Q K H I C G E V R C H L O R I N E U T S R
S O H Y C D B C H L X A O M D P K S B Q J M W N G
```

UNDERGROUND
SHELTERS
MUNITIONS
REBELLION
WPR
UNSCR
WHO
CHLORINE
MANPOWER
BATTLEFIELD
OPCW
JIM
EXPLOSION
NERVE
GAS

WPR (War Powers Resolution)
UNSCR (United Nations Security Council Resolutions)
WHO World Health Organization
OPCW (Organization for the Prohibition of Chemical Weapons)
JIM (Joint Investigative Mechanism)

THE TRUMP TRACKER

○ MONDAY

POLITICAL SHIT

_____
_____
_____
_____
_____
_____
_____

○ TUESDAY

○ WEDNESDAY

NEW TRUMPISMS

_____
_____
_____
_____
_____
_____

○ THURSDAY

_____
_____
_____
_____

○ FRIDAY

_____
_____
_____
_____

○ SATURDAY / SUNDAY

_____
_____
_____

Cabinet Members

Across: →

1. Secretary of Health and Human Services
2. Attorney General
3. Secretary of Transportation
4. Secretary of Education
5. Secretary of Homeland Security
6. Secretary of Housing Urban Development

Down: ↓

7. Secretary of the Interior
8. Secretary of State
9. Secretary of Agriculture
10. Secretary of Defense
11. Secretary of Labor
12. Secretary of the Treasury
13. Secretary of Commerce
14. Secretary of Energy

Word Bank:

ACOSTA	AZAR	CARSON
DEVOS	ELAINE	KIRSTJEN
MATTIS	MNUCHIN	PERDUE
PERRY	POMPEO	ROSS
SESSIONS	ZINKE	

Full Names: Alexander Acosta, Betsy DeVos, James Mattis, Jeff Sessions, Rick Perry, Ryan Zinke, Wilbur Ross, Kirstjen Nielsen, Elaine Chao, Ben Carson, Steven Mnuchin, Mike Pompeo, Sonny Perdue, Alex Azar

THE TRUMP TRACKER

○ MONDAY

○ TUESDAY

○ WEDNESDAY

○ THURSDAY

○ FRIDAY

○ SATURDAY / SUNDAY

POLITICAL SHIT

NEW TRUMPISMS

White House Staff

Across: →

1. Press secretary
2. Chief strategist
3. Deputy press secretary
4. Director of social media
5. Senior policy advisor
6. Former chief of staff
7. Director of legislative affairs
8. Senior advisor to the president
9. Former advisor for America First Policies
10. Chief White House counsel
11. Former National Security Advisor

Down: ↓

5. Former communications director
12. Former communications director
13. Counselor to the president
14. Former press secretary
15. Communications director
16. Chief of staff
17. Former assist / director of communications

Word Bank: BANNON   CONWAY   DUBKE
FLYNN   GIDLEY JOHN   HOPE
HUCKABEE   KELLY   KUSHNER
MARC SHORT   MCGAHN   OMAROSA
PRIEBUS   SCARAMUCCI   SCAVINO
SPICER   STEPHEN   WALSH

Full Names: Steve Bannon, Michael Flynn, Sarah Huckabee Sanders, Reince Priebus, Sean Spicer, Kellyanne Conway, Hogan Gidley, Donald McGahn, Anthony Scaramucci, Stephen Miller, Hope Hicks, Michael Dubke, Jared Kushner, Omarosa Manigault Newman, Katie Walsh, Daniel Scavino

THE TRUMP TRACKER

○ MONDAY

POLITICAL SHIT
_____
_____
_____
_____
_____
_____
_____

○ TUESDAY

○ WEDNESDAY

NEW TRUMPISMS
_____
_____
_____
_____
_____

○ THURSDAY

_____
_____
_____
_____

○ FRIDAY

_____
_____
_____
_____
_____

○ SATURDAY / SUNDAY

_____
_____
_____

ENERGY

```
F G B A F X J F M L K W E L K
I S P S C N X V Z F M D V F U
U J N M L F D S U K I N H Z S
P S L L E W E R O H S F F O Y
M J U N N O I T C E T O R P M
N M V P M S E Q T H O J E W A
G O Q Q O G Q F S W R L C N A O
Q B S R B W X B Z C C X N X J
Q J I Z S O E H P E H E E A W
K L I R L C U R X G A Z I Q R
Y U M S N B H L S N T G C C G
Y P G A M G W T J C O E S D E
V G L A R U T A N L M Y F J A
N A H M C F J R N E I F E E Z
B C L I P R O I H A C B P J R
R T S N Y Y G R E N E D N I W
Y Y O E O V O N B F N H Q Y X
S E C R U O S E R K E S E S A
T S X A N K A I D C R U P W R
X Q C L B U S B Y Z G K N J H
B U L S B X D B T M Y Z H E P
A N D O M T E L B A W E N E R
W D N K Z J L A C I M E H C E
X Z D Q A P B M Z V L I Q H O
E N V I R O N M E N T A L K D
```

BALANCE
ENVIRONMENTAL
PROTECTION
ATOMIC ENERGY
WIND ENERGY
POWER
RENEWABLE
NATURAL
RESOURCES
SCIENCE
OFFSHORE WELLS
CLEAN
MINERALS
CHEMICAL

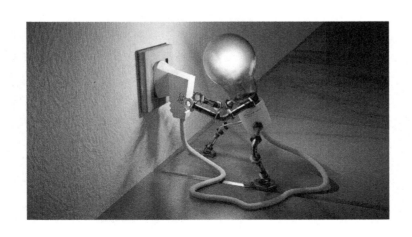

THE TRUMP TRACKER

○ MONDAY

POLICTICAL SHIT

_____
_____
_____
_____
_____
_____
_____

○ TUESDAY

○ WEDNESDAY

NEW TRUMPISMS

_____
_____
_____
_____
_____
_____

○ THURSDAY

_____
_____
_____

○ FRIDAY

_____
_____
_____

○ SATURDAY / SUNDAY

_____
_____
_____

ENERGY II

```
P R O P E R T I E S C P S D X
O U I F F V Y U H E X P U Y N
N I V S O G V T C C M D P C F
G T H E M C I I I R L C P F K
N D L Z A I D V O U K M L J F
C Q D S N G E L C O J G Y C C
S V I N U N Z A B S W N R N D
E T S C F I E C F M H I I A D
H G V K A S T I O T J N S T I
L W I Y C S P H U Y Q I K U T
M U X F T E M P L M M M C R K
I K I B U C P A R H F O U A W
Y U T U R O E R E F T Z K L J
N C M C I R T G C S Q Z D T F
A E L R N P R O U H Y D U W G
B U D V G E O P D Q L R T X R
P V I N S R L O O M F W L M E
Z Q S D W O E T R U U C N G C
Z F A L I E U F P Q G A C A Y
S V S E F G M N L O N G Q S C
R U T G L S D Q I R V W X O L
L I E W I C Q J O P Z L P L I
O M R A B Q E E P D T U R I N
Z M Y E P Q F A L L O Y I N G
C A Y H M D M J V J T S I E J
```

PROPERTIES
MANUFACTURING
SOURCES
NATURAL
DISASTER
SUPPLY RISK
RECYCLING
REPROCESSING
PETROLEUM
OIL PRODUCER
GASOLINE
TOPOGRAPHICAL
ALLOYING
MINING

My Resources

THE TRUMP TRACKER

○ MONDAY

○ TUESDAY

○ WEDNESDAY

○ THURSDAY

○ FRIDAY

○ SATURDAY / SUNDAY

POLICITAL SHIT

NEW TRUMPISMS

President Fast Facts

Across: →

1. Resort and National Historic Landmark
2. McMahon; Memorable ____ appearances
3. Brother Fred Trump Jr died from
4. Donald ___ Trump
5. Earned the ___ on Walk of Fame
6. Father: ____ Trump

Word Bank:

ALCOHOLISM	CASINO	FREDERICK
JOHN	MACLEOD	MAR A LAGO
MILITARY	MISS UNIVERSE	SHAKING HANDS
STAR	THE APPRENTICE	VODKA
WWE		

Down: ↓

7. Rumored to dislike
8. Mother: Mary Anne ___ Trump
9. The World's Finest Super Premium
10. At age 13 was sent to New York _____ Acade
11. Host of the NBC reality show
12. USA pageants
13. Trump Taj Mahal ____ in Atlantic City

THE TRUMP TRACKER

○ MONDAY

POLICITAL SHIT

_____

○ TUESDAY

_____

_____

○ WEDNESDAY

NEW TRUMPISMS

_____

○ THURSDAY

_____

_____

○ FRIDAY

_____

_____

○ SATURDAY / SUNDAY

_____

_____

BUDGET

```
Z E R Z L O W X E P B E H K O
Y C G N I S U O H C L M E E V
Y S E C I V R E S Y I R U U F
F M S D S T F V I V U T F E N
F Y C P D F X M N L T Y B S D X
Y R J E N E R G Y L C M M R U K
U P N Q E L D U A P E D U C J
S F D N N F C A V X I N F A H
A L I N K I O D E L H A D T N
E I N F R S N Y P D F L E I O
R B G G X Q E T I F J E F O Z
T G A R E T N C E D Z M E N W
Z F D Y S K K A U R Y O N I P
O L S T A T E J H R I H S R I
O A G S X R Y G L S I O E W L
R B V E T E R A N S S T R H E
B O F L D Y D A J L R B Y T D
Q R U B D S Y T V U A P H N E
E T R A N S P O R T A T I O N
V N R T Y U L P H L L M H A E
J O D E P A R T M E N T S M Z
T N E M P O L E V E D J J F S
P B T W Z A X H M C Y O K L R
W L F A E R D P E X N O C T M
J N U H M E H U M A N A B R U
```

SPENDING
FUNDING
DEPARTMENTS
OF AGRICULTURE
DEFENSE
EDUCATION
ENERGY
HEALTH
HUMAN
SERVICES
HOMELAND
SECURITY
HOUSING
URBAN
DEVELOPMENT
INTERIOR
JUSTICE
LABOR
STATE
TRANSPORTATION
TREASURY
VETERANS

THE TRUMP TRACKER

○ MONDAY

○ TUESDAY

○ WEDNESDAY

○ THURSDAY

○ FRIDAY

○ SATURDAY / SUNDAY

POLITICAL SHIT

_____
_____
_____
_____
_____
_____

NEW TRUMPISMS

_____
_____
_____
_____
_____
_____
_____
_____
_____
_____
_____
_____

BUDGET II

```
U U F Q X Z Z W Z N N F J A C        EPA
G S O E E H N E A C M O N W C R       NATIONAL
P A K G S T B U D G E T A C T W       AERONAUTICS
A G V T N E M P O L E V E D W O       SPACE ADMIN
U E U M R U O E P A L P G W O L       NATIONAL
S N Y G R O W I N G T F I E L O       SCIENCE
J C H U P A Y R A I S E E V O V       FOUNDATION
U Y I Q I R K N G L R H G A V X       SOCIAL
U Z N T A V Z R N T X K D T H V       SECURITY
P P O Q U N A T I O N A L H X Y       ADMINISTRATION
N S O C I A L S E C U R I T Y M       US AGENCY
O N I F Q R N I T Q I V L U M C       INTERNATIONAL
I H D U L Q I O L A T I P A C F       DEVELOPMENT
T A A L U T V J R R T B O E A Y       ADDENDUM
A R M E M P L O Y E E S Z E A F       BIPARTISAN
R D E V N A S I T R A P I B Y N       BUDGET ACT
T W R N H N O I T A D N U O F N       DOMB
S O I M Z S P A C E A D M I O N       MONOPOLY
I R C L J I J Y L O P O N O M M       GROWING
N K A K I N V E S T M E N T O Y       PAYCHECKS
I I N T E R N A T I O N A L L Q       HARDWORKING
M N S B V K X S J R C H M F Q T       AMERICANS
D G H T N E M Y O L P M E N U Q       UNEMPLOYMENT
A G S K C E H C Y A P J F J T Q       PAYRAISE
C T P B M O D A L S J U R J Q        CAPITAL
                                     INVESTMENT
                                     EMPLOYEES
```

EPA (Environmental Protection Agency)
Space Administration
National Science Foundation
U.S. Agency
DOMB (Director of the Office of Management and Budget)

THE TRUMP TRACKER

○ MONDAY

○ TUESDAY

○ WEDNESDAY

○ THURSDAY

○ FRIDAY

○ SATURDAY / SUNDAY

POLITICAL SHIT

NEW TRUMPISMS

Crossword Puzzle

Across: →

1. _____ Senator Marco Rubio
2. We have become so _____ correct
3. I am worth a ____ amount of money
4. Iran's ___ Budget is up more than 40%
5. Follow the _____

Down: ↓

6. Repeal and _____
7. Nobody understands _____ like I do
8. I am least _____ person there is
9. I am strong; politicians are _____

Word Bank:

LIGHTWEIGHT   MILITARY   MONEY
POLITICALLY   POLITICIANS   RACIST
REPLACE   TREMENDOUS   WEAK

THE TRUMP TRACKER

○ MONDAY

○ TUESDAY

○ WEDNESDAY

○ THURSDAY

○ FRIDAY

○ SATURDAY / SUNDAY

POLITICAL SHIT

NEW TRUMPISMS

OPIOID CRISIS

H I N J M I A Y S B B L U G K
V V E U Z J R D I M R S I P O
B X G P F E H U S A Z K O V M
Z X U C I I F S I E S E M P C
I Z Q H Y D E V R I N S J O C
T G A Y M N E Y C G X U G T D
J E H V R F Z M D B Q S C N Z
H K C S R E L L I K N I A P N
S E S O D R E V O C H M U O W
A Z J Z C U L M I C N L I L K
D H D F Z R V Q P R S T A A O
K I Z O U P E I O K A D M W N
G K E F B V R P P C M D O A V
M P X I B B J E I G H X A R J
L J H C L W U F V C S I V D Y
P Y N A P Y I J B E A L G H R
G A Q U R X R V F Q N O V T U
Y J C H O M F E L B R T U I T
R A T T B L A P V K H O I W P
A Q E F W T E C U O R M K O M
P D Y D U G R V I T C U Q N N
S L L I M L L I P S L E S B N
X N O I T C I D D A T H R A U
N A D R U G C Z A R S S M S Y
I Q E N O D O C O R D Y H Z D

OPIOID CRISIS
MISUSE
OVERDOSES
EPIDEMIC
WITHDRAWAL
ADDICTION
PREVENTION
RECOVERY
NIH (National Institutes of Health)
SAMHSA (Substance Abuse and Mental Health Services Administration)
PILL MILLS
PHARMACISTS
DRUG CZAR
DETOXIFICATION
PERCOCET
HYDROCODONE
PAINKILLERS
OPIS (Overdose Prevention in States)

THE TRUMP TRACKER

○ MONDAY

POLICAL SHIT

_____

○ TUESDAY

_____
_____
_____
_____
_____
_____

○ WEDNESDAY

NEW TRUMPISMS

_____

○ THURSDAY

_____
_____
_____
_____

○ FRIDAY

_____
_____
_____

○ SATURDAY / SUNDAY

_____
_____
_____
_____

Russia

```
M B G L F P F M M X H P A M G
V E J N T D A H C O M E Y N G C
D I D X I R U R M U V F N Y S E
V G N D T T O R D V X W O I S E
P M L V L R E F C O U I N I N U
B L X R E I C E A O N B Q R S U
N I T U P S N R M N U V O S K W
F J C R A Z T G U T A N E A N Y
K I O P X N L I H S E M S K A W
A Y L R D P D S G Z S R Y E N Y
N H L N N A T E B A D I C L L K
C H U O Z G K D C Y T H A E K S
F L S I R N C S I B H I R K S R
V K I T I O A N B Y J I N P E R
N J O C O I M O K O J D G G T E
W E N E W T P I H O M E N T Y L
C K Q L I C A T M B S J I Y A A
P N Q E T U I A U M V B T Y T T
N V N Y C R G R E W S S A P I I
I J O C H T N E L F Q F N X O O
H L R I H S V G L C O U I T N S
E T L L U B V G E B Q C M A S H
M F P O N O R A R S E U R W E I
P S J P T L B X G C F Q E H I P
Q L G F R P W E D N W K T U P
```

RUSSIA
OBSTRUCTION
MUELLER
COUNSEL
INVESTIGATING
COLLUSION
MEDDLING
ELECTION
PARDON
MANAFORT
LEAKS
SECRET MEETING
CAMPAIGN
PUTIN
COMEY
POLICY
RELATIONSHIP
TERMINATING
EXAGGERATIONS
WITCH HUNT

THE TRUMP TRACKER

○ MONDAY

○ TUESDAY

○ WEDNESDAY

○ THURSDAY

○ FRIDAY

○ SATURDAY / SUNDAY

POLITICAL SHIT

NEW TRUMPISMS

Russia II

```
H E V E K Q U J D U N D W C J
M A N E C N E G I L L E T N I
D L C Z N L Q S H A V N L Z I
K E V K A B H D W V K X Q I D
F T Z B S Y O Y F P I R P T U
Q Y X U H C E K S W L L A I N
P Y I M D R E R U U O I T N C
M E N X S N Y N A M R U W V L
F Y T I I R W H A L S D R E A
C N J A T V O T T L I A H S S
O K R W R U S H J Y I Q E T I
R K N W J E R F L D P Y C I F
U D J I B F P C G X R D N G I
K R V E E J A O S B O G E A E
C P U V O T B D O R B U U T D
I F P M L P S W H C E B L O O
C E A P I A A N T I X D F R S
Q A R G V T R R E C M P N S S
Q C E U O S W E D S K B I U I
R T P J F T Q C D Y O F I K E
A A O J C H M R M E O R K J R
G J R Q D D H N C N F D R G M
V P T P D S I D K W U W S V O
M I S L E D I X Q G N A U F D
D T O P A I D E S U R R V W O
```

LAWYERS
JEOPARDY
UNDER SCRUTINY
COOPERATE
TOP AIDES
INFLUENCE
PROBE
INVESTIGATORS
INTELLIGENCE
UKRAINE
HACKS
DIPLOMATS
UNCLASSIFIED
REPORT
DOSSIER
MISLED
FBI
ROSENSTEIN
FEDERAL
RAID

THE TRUMP TRACKER

○ MONDAY

POLICITAL SHIT
POLITICAL SHIT

_____
_____
_____
_____
_____
_____

○ TUESDAY

○ WEDNESDAY

NEW TRUMPISMS

_____
_____
_____
_____
_____

○ THURSDAY

_____
_____
_____
_____
_____

○ FRIDAY

_____
_____
_____

○ SATURDAY / SUNDAY

_____
_____
_____
_____
_____

Trending Words

```
P  B  X  O  Y  Z  W  O  W  P  C  Y  Y  C  I
R  R  B  T  D  E  X  Y  O  H  J  L  W  E  T
Z  F  S  S  L  D  S  P  P  N  R  M  A  F  V
U  N  P  R  E  C  E  D  E  N  T  E  D  A  H
H  S  V  R  Y  X  A  I  T  S  M  G  D  K  O
O  Z  R  C  E  T  H  Q  A  E  X  M  Y  E  A
A  S  D  H  U  S  X  B  M  I  B  L  J  N  B
X  C  Y  R  U  Q  O  E  N  R  I  K  O  E  S
T  B  S  D  T  J  V  L  H  U  G  E  U  W  F
K  B  K  X  I  E  Y  S  A  L  C  M  S  M  H
W  I  N  N  I  N  G  S  W  U  Y  F  M  B  H
O  C  S  L  Z  N  S  Y  X  P  I  R  S  G  R
P  C  E  A  K  K  E  W  E  R  O  M  Y  Q  U
O  B  Y  I  T  Z  O  P  E  U  E  F  J  P  M
B  Z  M  U  W  I  G  A  H  T  D  K  F  W  K
Z  E  O  F  V  I  N  C  R  E  D  I  B  L  E
D  X  R  H  F  D  S  E  I  S  S  X  V  G  J
G  E  O  K  F  M  M  R  T  G  H  M  O  F  E
Y  B  N  U  A  E  I  U  J  U  L  N  Q  C  G
E  G  R  R  N  M  P  K  R  B  J  U  O  E  Q
N  Y  T  D  H  I  B  J  T  K  R  V  V  W  Z
O  R  O  J  D  M  I  S  C  W  F  V  Q  M  R
M  U  J  P  C  W  N  R  O  E  N  N  T  J  S
S  E  G  Z  Q  T  P  U  F  P  A  F  S  D  V
H  G  N  T  U  E  M  E  R  Z  C  J  Z  C  X
```

SMART
UNPRECEDENTED
HUGE
BIGLY
HOAX
FAKE NEWS
BELIEVE ME
STUPID
LOSER
MORON
FIRE AND FURY
INCREDIBLE
COVFEFE
TREMENDOUS
MONEY
CLASSY
WINNING

THE TRUMP TRACKER

○ MONDAY

○ TUESDAY

○ WEDNESDAY

○ THURSDAY

○ FRIDAY

○ SATURDAY / SUNDAY

POLITICAL SHIT

NEW TRUMPISMS

BUDGET & ENVIRONMENTAL

```
B N A A Q S T R I N G E N T Q
G K Y X N F O L U R U M G U U
I N C S O U D M E O M I J S J
D W N E I W D E V R A Q A P G
P I E C T L S M P E Y I X W Y
E M R R A T T O T Y D R E W X
G X A U T O I R C A Y Z C K H
P M P O N B M A U P X W N J U
S P S S E G R N D X A W A J U
E R N L M C E D O A X J D A S
I E A A E O P U R T I H I I N
T C R R L M N M P O K S U N Y
I O T U P P E O C N Z I G X R
L N P T M L L P I J L D A G O
I S I A I I G I T R E V X E T
C T V N C A N C S R J M U D A
A R C D R N C K E R O H T A L
F U N O R C A G M G I G Q R U
G C D F I E U D O N S I Z T G
S T T J P L L G D B S Y G D E
V I W C A I O R L S U V F L R
E O U T U K P X L Y A Y P R Z
P N I B K O J Q D U N O Q O G
A O F V D R A L O S C U T W I
N N T C A R I A N A E L C Z Q
```

NAAQS
CLEAN AIR ACT
FOD
BUILD
OPIC
DFI
USAID
WORLD TRADE
NATURAL SOURCES
COMPLIANCE
PERMITS
REGULATORY
STRINGENT
FACILITIES
GUIDANCE
MEMORANDUM
IMPLEMENTATION
TRANSPARENCY
ISSUANCE
PRECONSTRUCTION
TAXPAYER
DOMESTIC PRODUCT
DEREGULATION
SOLAR

NAAQS (National Ambient Air Quality Standards)
Clean Air Act
FOD (Financing Overseas Development)
BUILD (Better Utilization of Investments Leading to Development)
OPIC (Overseas Private Investment Corporation)
DFI (Development Finance Institution)
USAID (United States Agency for International Development)
World Trade Organization

THE TRUMP TRACKER

○ MONDAY

○ TUESDAY

○ WEDNESDAY

○ THURSDAY

○ FRIDAY

○ SATURDAY / SUNDAY

POLITICAL SHIT

NEW TRUMPISMS

TRUMP 2019 Bonus Word Search

```
X C T K F I B I G G E S T C R O W D S J
D T O T A L D I S T O R T I O N F T R O
J G A S H I F G K H E O A C Y I I S E N
O R O R R E T G N I T H G I F T S E B E
D Y F L O P D V F R G X N S O P S H M S
V T G Y I U X U H D O Y G X J A A G U I
B W O I Y T K X U R Q N J I X B J I N D
A I Q H Y D Z T J A I K N W S C T H L E
D K G Z R Y B B R T U M O Q A R O E L D
T A Y S O E K T A E G J S K H L T H O A
E O M N K V G R H S A G Q D V S A T P N
L D L S O W F N V T Y F X X Y D L Q T D
E F Z E S O W E O A S S M X C Z F I S U
V B T P K I Q J B L B D D W Z P R Y E N
I O H C B R G C Q K O C S W D N E M B F
S B A Y B S Z A C E K N A N U A E L C A
I L P L N P U E O R U P M C O Q F N J I
O F E P D T R W E S M I L E Y H A T E R
N O S R E P T S I C A R T S A E L N G S
S E R P G N I C U D O R P B O J L N L I
```

Bad Television   One Sided And Unfair   Total Distortion   My IQ The Highest   Best Fighting Terror

Job Producing Pres   Best Poll Numbers   Biggest Crowds   Least Racist Person   Total Freefall

Lack Of Ratings   Smiley Hater   No Longer Hot   Third Rate Stalkers

THE TRUMP TRACKER

○ MONDAY

POLITICAL SHIT

_____
_____
_____
_____

○ TUESDAY

_____
_____
_____
_____

○ WEDNESDAY

NEW TRUMPISMS

_____
_____
_____
_____

○ THURSDAY

_____
_____
_____
_____

○ FRIDAY

_____
_____
_____
_____

○ SATURDAY / SUNDAY

_____
_____
_____
_____

TRUMP 2019

```
N  J  F  Q  B  D  H  V  A  R  T  C  D  I  P  U  T  S  O  S
L  T  Y  P  E  T  I  O  P  Y  Y  N  Q  M  G  Z  E  E  A  M
F  S  N  N  Q  N  X  Y  F  U  R  Z  G  W  X  Y  R  Q  P  T
R  E  H  C  M  U  Y  L  L  G  C  Y  J  Y  E  Z  S  X  X  A
L  N  D  T  O  Y  B  Y  Q  B  D  B  Y  Y  O  R  O  Q  B  G
B  O  T  P  O  R  E  H  Y  M  S  Z  P  H  E  F  A  N  J  M
B  H  C  U  I  G  I  M  B  U  T  E  U  P  Z  P  Z  J  D  T
G  S  Q  Y  K  N  U  L  F  D  E  S  A  I  B  O  Z  J  Y  C
L  I  J  W  P  R  C  C  J  L  X  P  C  B  M  R  P  L  T  V
X  D  J  E  T  W  N  O  S  E  S  X  R  W  R  X  E  Q  I  U
R  Y  A  A  O  T  H  Y  M  W  L  W  S  A  E  T  Y  L  L  P
Y  L  S  K  W  C  Q  E  E  P  A  S  C  T  D  N  M  A  I  U
R  E  V  E  V  C  I  N  F  M  E  Q  K  M  A  Z  Q  V  B  B
F  M  T  S  Y  Y  T  Q  U  O  B  T  M  Y  E  Y  Q  F  I  K
R  E  J  T  Y  S  O  H  H  H  J  R  E  Z  L  V  I  X  D  I
F  R  K  P  R  U  W  N  S  K  X  M  D  N  A  C  R  B  E  M
D  T  T  O  U  G  H  C  A  L  L  S  U  H  T  Z  P  T  R  C
Q  X  W  T  V  H  M  F  X  M  L  F  S  I  O  N  B  O  C  E
X  E  E  U  L  C  O  N  S  A  H  L  V  A  N  G  U  G  O  W
M  V  H  S  H  A  M  E  F  U  L  R  E  P  O  R  T  I  N  G
```

Tough Calls	So Stupid	Incompetent	Weakest POTUS	Not A Leader
Worst Newspapers	Has No Clue	Dumb Guy	Shameful Reporting	No Credibility
Extremely Dishonest	Biased Flunky	Sleepy Eyes		

THE TRUMP TRACKER

○ MONDAY

○ TUESDAY

○ WEDNESDAY

○ THURSDAY

○ FRIDAY

○ SATURDAY / SUNDAY

POLITICAL SHIT

NEW TRUMPISMS

TRUMP 2019

E	A	K	E	U	H	I	D	T	U	M	M	Y	I	B	J	M	A	S	L
G	P	T	M	E	G	Y	N	L	I	G	H	T	W	E	I	G	H	T	H
D	W	Q	N	Q	E	V	D	O	V	H	E	T	E	J	I	N	A	M	M
G	J	X	O	Y	H	O	X	S	C	Q	R	J	I	A	T	I	I	R	X
Q	L	J	F	C	T	J	Y	J	B	O	R	Z	V	G	I	L	R	L	Z
H	E	D	G	V	O	I	G	D	P	B	H	A	E	S	R	L	N	N	Q
I	H	D	C	S	A	R	M	E	H	C	T	J	H	A	J	O	A	T	L
F	O	E	K	O	J	S	R	E	Y	E	M	H	T	E	S	P	L	L	M
B	N	E	Y	S	V	R	T	U	S	U	H	M	J	R	C	E	A	O	J
Z	N	A	U	E	E	V	G	X	P	F	G	D	I	K	M	K	Z	A	W
F	O	Y	H	L	Q	G	Y	J	G	T	R	P	M	W	I	A	X	D	I
H	I	L	L	D	I	L	E	Z	U	K	M	A	B	G	R	F	N	B	K
A	S	E	D	O	X	G	V	X	G	E	G	E	U	Y	Y	H	C	R	D
C	U	V	T	O	B	A	M	A	S	P	I	E	D	D	I	X	W	P	U
M	L	N	O	N	B	R	Z	E	Z	I	N	S	K	I	C	R	A	Z	Y
R	L	S	O	T	E	R	R	I	B	L	E	H	U	M	A	N	K	W	U
I	O	P	G	H	N	D	H	T	Q	E	E	K	F	N	L	V	P	H	F
K	C	H	I	N	A	L	A	U	G	H	I	N	G	A	T	U	S	V	D
Z	O	G	A	B	O	W	N	I	R	A	I	V	Q	T	Q	R	R	V	C
G	N	I	D	A	F	E	O	J	G	N	I	N	R	O	M	D	P	T	C

Megyn Lightweight	Brzezinski Crazy	Morning Joe Fading	Seth Meyers Joke	NY Times Fraud
China Laughing At Us	The View	Fake Polling	Corrupt Media	Terrible Human
Mueller Report	Obama Spied	No Collusion		

THE TRUMP TRACKER

○ MONDAY

○ TUESDAY

○ WEDNESDAY

○ THURSDAY

○ FRIDAY

○ SATURDAY / SUNDAY

POLITICAL SHIT

NEW TRUMPISMS

TRUMP 2019

```
E  D  E  L  I  A  F  R  E  K  C  U  Z  F  F  E  J  Q  O  V
W  A  S  H  I  N  G  T  O  N  P  O  S  T  S  C  A  M  G  N
K  C  Y  J  O  N  S  T  E  W  A  R  T  P  H  O  N  Y  K  R
D  D  M  P  V  H  H  E  D  Z  F  I  F  H  X  X  O  P  O  E
F  E  G  G  L  J  O  V  U  N  L  A  Q  L  D  S  J  L  H  S
W  O  L  T  T  I  W  E  H  H  G  U  H  K  S  O  L  A  E  O
N  U  E  B  E  Z  C  I  G  W  O  W  Y  E  H  I  R  X  Z  L
W  S  N  S  I  F  O  R  E  M  Z  D  R  N  N  R  A  Q  I  N
N  A  N  I  Q  R  E  W  W  I  F  P  O  G  Y  Z  I  V  P  O
V  T  B  X  W  U  R  S  R  V  E  L  S  H  A  F  L  B  B  T
Z  O  E  E  D  E  I  E  I  H  I  T  U  A  C  U  D  G  G
O  D  C  Z  W  H  L  R  T  V  O  R  U  P  S  P  X  T  I  N
Z  A  K  Y  F  W  H  T  E  N  T  N  P  K  U  U  I  C  B  I
U  Y  W  E  U  I  E  R  E  D  A  W  Y  U  K  R  E  L  C  F
Y  B  A  F  C  E  B  D  U  G  Y  H  H  V  N  U  X  E  K  F
G  O  C  Q  M  O  E  M  I  U  F  I  G  R  D  Q  M  F  O  U
O  R  K  R  R  A  M  J  P  W  P  M  N  E  O  J  A  E  J  H
L  I  Y  I  D  Y  W  W  Q  M  U  M  L  G  M  Y  D  E  O  C
S  N  N  Y  K  H  X  J  T  T  W  I  R  K  E  E  K  S  V  C
Z  G  N  I  L  I  A  F  R  I  A  F  Y  T  I  N  A  V  M  N
```

Glenn Beck Wacky	USA Today Boring	Washington Post Scam	Esquire Dying	Rolling Stone Dead
Vanity Fair Failing	Harry Hurt Dummy	Huffington Loser	Hugh Hewitt Low	John Oliver Boring
Jon Stewart Phony	Jeff Zucker failed	Meet The Press	Meghan Terrible	

THE TRUMP TRACKER

○ MONDAY

○ TUESDAY

○ WEDNESDAY

○ THURSDAY

○ FRIDAY

○ SATURDAY / SUNDAY

POLITICAL SHIT

NEW TRUMPISMS

TRUMP 2019

J	R	E	R	I	C	K	S	O	N	S	L	E	A	Z	E	Z	A	L	X
V	X	N	O	R	O	M	L	L	I	W	E	G	R	O	E	G	N	K	Q
D	T	A	N	F	G	U	H	Q	P	S	M	J	K	O	K	C	R	P	G
Y	B	T	C	Z	O	T	I	Q	R	G	H	K	T	Z	Z	O	K	O	N
P	M	I	O	X	V	X	O	J	M	O	A	A	Y	V	W	M	I	L	I
S	U	O	U	Q	C	A	A	T	S	O	I	V	M	T	F	R	J	I	R
H	D	N	C	Q	T	L	M	N	T	A	G	O	E	K	L	O	E	T	O
S	N	A	P	W	C	U	O	F	D	H	N	N	M	O	R	Q	M	I	B
I	I	L	E	W	G	O	P	X	J	F	S	J	Z	F	S	H	A	C	O
T	A	R	Y	D	D	W	L	V	I	W	R	E	N	T	R	H	Q	O	S
I	L	E	X	B	C	T	M	H	E	Q	G	I	T	G	G	H	U	C	N
R	P	V	H	V	S	B	U	N	L	C	O	N	E	I	B	T	E	L	A
B	N	I	T	W	Q	K	N	Y	D	A	I	L	Y	N	E	W	S	O	M
E	N	E	Q	R	N	O	B	S	B	A	B	R	W	N	D	S	H	W	R
L	C	W	L	N	T	D	S	O	M	E	G	S	A	S	J	S	I	N	E
E	W	A	Z	N	B	C	N	E	W	S	D	I	S	H	O	N	E	S	T
E	T	J	I	L	L	E	T	T	E	G	O	O	F	B	A	L	L	E	T
T	U	L	U	N	T	Z	L	O	W	C	L	A	S	S	L	O	B	E
S	C	H	W	A	R	T	Z	I	R	R	E	L	E	V	A	N	T	G	L
R	E	I	L	L	Y	W	O	R	S	T	R	E	P	O	R	T	H	S	R

Fox And Friends   MSNBC Dead   CNN Plain Dumb   NBC News Dishonest   Clinton News Network

National Review   NY Daily News   Letterman So Boring   Erickson Sleaze   Reilly Worst Report

Jillette Goofball   Luntz Low Class Slob   Schwartz Irrelevant   Steele British Spy   Politico Clowns

George Will Moron

THE TRUMP TRACKER

○ MONDAY

POLICITAL SHIT

_____
_____
_____
_____
_____

○ TUESDAY

_____
_____
_____

○ WEDNESDAY

NEW TRUMPISMS

_____
_____
_____

○ THURSDAY

_____
_____
_____
_____
_____

○ FRIDAY

_____
_____
_____
_____

○ SATURDAY / SUNDAY

_____
_____
_____
_____

TRUMP 2019

```
G  T  Y  N  A  A  W  Z  R  E  D  N  A  V  X  E  L  A  X  T
D  U  M  M  Y  B  A  N  K  A  C  C  O  U  N  T  S  O  V  Q
S  R  E  K  C  A  H  N  A  I  S  S  U  R  H  R  A  G  F  U
R  K  P  L  E  A  D  E  D  G  U  I  L  T  Y  B  W  C  S  M
O  I  U  O  F  O  R  E  I  G  N  L  O  B  B  Y  I  N  G  Q
T  S  E  B  B  B  I  A  S  K  I  M  A  L  P  T  E  K  I  N
U  H  G  B  Q  S  C  M  U  O  E  Z  U  L  B  F  L  E  W  P
C  C  A  Y  B  S  K  I  S  U  L  B  S  C  Q  G  R  K  Z  Z
E  A  A  I  G  X  G  F  P  B  T  U  N  E  T  C  K  U  O  W
S  M  I  S  L  E  A  D  I  N  G  C  O  N  G  R  E  S  S  O
O  P  R  T  F  Y  T  V  W  C  X  U  I  P  H  C  S  Z  Y  X
R  A  Q  S  B  V  E  M  Q  O  K  V  T  Z  O  I  P  S  H  C
P  I  I  A  O  I  S  L  J  O  S  O  A  O  C  D  N  C  W  L
K  G  I  M  U  L  J  H  A  T  N  J  L  O  B  I  A  H  Z  C
R  N  R  P  C  G  I  A  R  C  Y  R  O  G  E  R  G  P  G  F
O  Z  X  A  W  U  O  P  N  I  B  B  I  V  H  C  A  P  A  R
Y  J  F  T  V  P  X  N  G  K  P  L  V  G  O  X  V  D  O  P
W  G  M  T  U  P  O  D  E  N  I  P  D  R  A  H  C  I  R  P
E  C  V  E  P  K  Q  S  H  Y  J  A  I  M  W  J  A  C  B  K
N  T  U  N  A  T  S  E  D  O  P  Y  N  O  T  E  K  U  Y  D
```

Papadopoulos	Alex Van Der Zwaan	Dummy Bank Accounts	Richard Pinedo	Russian Hackers
Lobbyist Sam Patten	Rick Gates	Pleaded Guilty	Misleading Congress	Bijan Kian
Skim Alptekin	Turkish Campaign Violations	Gregory Craig	Tony Podesta	New York Prosecutors
Foreign Lobbying				

THE TRUMP TRACKER

○ MONDAY

○ TUESDAY

○ WEDNESDAY

○ THURSDAY

○ FRIDAY

○ SATURDAY / SUNDAY

POLITICAL SHIT

_____
_____
_____
_____
_____
_____

NEW TRUMPISMS

_____
_____
_____
_____
_____
_____
_____
_____
_____
_____
_____

TRUMP 2019

X	L	X	Z	N	T	I	X	T	A	A	Z	B	W	R	F	N	S	J	K
K	U	G	Y	Q	X	Y	E	K	K	C	E	J	L	J	D	J	T	O	D
D	O	Z	S	E	G	R	A	H	C	E	C	A	F	D	L	U	O	C	P
I	J	Q	G	J	X	U	O	D	S	A	I	S	S	U	R	O	R	P	Y
F	Z	Y	C	I	L	O	P	N	G	I	E	R	O	F	W	A	M	F	N
T	Z	H	E	E	E	Y	C	J	E	T	T	K	Q	E	O	I	Y	U	N
H	Y	L	P	N	L	R	B	U	Q	H	Z	Z	J	A	L	P	D	G	Y
Q	I	L	D	O	O	L	H	N	W	X	O	O	Z	H	Z	S	A	W	L
E	B	P	E	T	M	B	E	Z	N	T	T	C	W	Y	L	O	N	Q	F
S	K	O	N	S	T	A	N	T	I	N	K	I	L	I	M	N	I	K	L
I	A	B	Z	R	M	Q	K	G	N	W	T	E	O	E	V	N	E	O	E
R	U	S	O	E	B	Z	B	E	T	I	Y	I	W	G	A	H	L	G	A
K	I	E	X	G	O	T	J	T	Y	K	Y	V	U	B	X	H	S	Z	H
C	P	G	X	O	L	V	A	W	Z	P	C	R	H	L	D	A	C	M	C
I	X	J	M	R	D	L	W	I	K	I	L	E	A	K	S	B	M	I	I
F	X	T	R	O	F	A	N	A	M	L	U	A	P	T	M	O	O	Z	M
U	K	D	F	F	V	J	E	X	Q	U	U	J	Y	S	I	U	Q	E	X
R	S	I	P	J	D	K	I	T	U	K	Q	L	K	E	D	L	U	O	S
E	G	A	A	N	V	A	J	Y	R	P	D	F	I	X	R	A	I	R	E
U	L	L	M	L	B	V	L	B	C	P	S	Z	F	B	G	S	V	M	K

Key Players	WikiLeaks	Military Intell	Paul Manafort
Pro Russia	Konstantin Kilimnik	Roger Stone	Foreign Policy
Michael Flynn	Michael Cohen	Stormy Daniels	Could Face Charges

THE TRUMP TRACKER

○ MONDAY

POLICAL SHIT

_____

○ TUESDAY

_____

_____

○ WEDNESDAY

NEW TRUMPISMS

_____

○ THURSDAY

_____

_____

○ FRIDAY

_____

_____

○ SATURDAY / SUNDAY

_____

MONTH_____

Sunday	Monday	Tuesday	Wednesday	Thursday	Friday	Saturday
		1	2	3	4	5
6	7	8	9	10	11	12
13	14	15	16	17	18	19
20	21	22	23	24	25	26
27	28	29	30	31		

_____

_____

_____

_____

MONTH_____

Sunday	Monday	Tuesday	Wednesday	Thursday	Friday	Saturday
					1	2
3	4	5	6	7	8	9
10	11	12	13	14	15	16
17	18	19	20	21	22	23
24	25	26	27	28	29	30

_____

_____

_____

MONTH_____

Sunday	Monday	Tuesday	Wednesday	Thursday	Friday	Saturday
1	2	3	4	5	6	7
8	9	10	11	12	13	14
15	16	17	18	19	20	21
22	23	24	25	26	27	28
29	30	31				

MONTH_____

Sunday	Monday	Tuesday	Wednesday	Thursday	Friday	Saturday
			1	2	3	4
5	6	7	8	9	10	11
12	13	14	15	16	17	18
19	20	21	22	23	24	25
26	27	28	29	30	31	

MONTH_____

Sunday	Monday	Tuesday	Wednesday	Thursday	Friday	Saturday
						1
2	3	4	5	6	7	8
9	10	11	12	13	14	15
16	17	18	19	20	21	22
23	24	25	26	27	28	29

MONTH_____

Sunday	Monday	Tuesday	Wednesday	Thursday	Friday	Saturday
1	2	3	4	5	6	7
8	9	10	11	12	13	14
15	16	17	18	19	20	21
22	23	24	25	26	27	28
29	30	31				

_____

_____

_____

_____

MONTH_____

Sunday	Monday	Tuesday	Wednesday	Thursday	Friday	Saturday
			1	2	3	4
5	6	7	8	9	10	11
12	13	14	15	16	17	18
19	20	21	22	23	24	25
26	27	28	29	30		

MONTH_____

Sunday	Monday	Tuesday	Wednesday	Thursday	Friday	Saturday
					1	2
3	4	5	6	7	8	9
10	11	12	13	14	15	16
17	18	19	20	21	22	23
24	25	26	27	28	29	30
31						

_____

_____

_____

_____

MONTH_____

Sunday	Monday	Tuesday	Wednesday	Thursday	Friday	Saturday
	1	2	3	4	5	6
7	8	9	10	11	12	13
14	15	16	17	18	19	20
21	22	23	24	25	26	27
28	29	30				

MONTH_____

Sunday	Monday	Tuesday	Wednesday	Thursday	Friday	Saturday
			1	2	3	4
5	6	7	8	9	10	11
12	13	14	15	16	17	18
19	20	21	22	23	24	25
26	27	28	29	30	31	

MONTH_____

Sunday	Monday	Tuesday	Wednesday	Thursday	Friday	Saturday
						1
2	3	4	5	6	7	8
9	10	11	12	13	14	15
16	17	18	19	20	21	22
23	24	25	26	27	28	29
30	31					

_____

_____

_____

MONTH_____

Sunday	Monday	Tuesday	Wednesday	Thursday	Friday	Saturday
		1	2	3	4	5
6	7	8	9	10	11	12
13	14	15	16	17	18	19
20	21	22	23	24	25	26
27	28	29	30			

Made in the USA
Middletown, DE
04 December 2019

79995290R00057